SARA THAIPHAKDI

Natürlich genießen:

ALKOHOLFREIE COCKTAILS

Rezepte und Tipps für die 4 Jahreszeiten

BRUNNEN
Verlag GmbH · Giessen

Über die Autorin

Sara Thaiphakdi, München – ausgebildete Hotelfachfrau und Barkeeperin mit Herz und Seele, Absolventin der internationalen European Bartender School, Barcelona, und derzeit als Demichefin de bar in der renommierten Bar eines 5-Sterne-Hotels in München tätig.

Nebenberuflich engagiert sie sich als Workshop-Leiterin bei der Initiative Natural Life-Art.

MIX
Papier | Fördert gute Waldnutzung
FSC® C010798
www.fsc.org

3. Auflage 2025

Gottlieb-Daimler-Str. 22, 35398 Gießen
www.brunnen-verlag.de; info@brunnen-verlag.de

Lektorat: Peter Butenuth
Gestaltung: Daniela Sprenger
Umschlagfoto: Adobe Stock
Druckerei: Graspo, Tschechien
ISBN Buch: 978-3-7655-3288-7
ISBN E-Book: 978-3-7655-7649-2

EINLEITUNG

„DIE JAHRESZEITEN DER ALKOHOLFREIEN COCKTAILS“

Mein Motto:

„Die Welt der alkoholfreien Cocktails ist genauso spannend wie die der Cocktails mit Alkohol.“

Cocktails finden ständig neue Fans, Barkeeper-Kurse für Anfänger boomen und immer mehr Menschen entdecken, dass Cocktails auch ohne Alkohol Spaß machen und lecker schmecken.

Unabhängig davon sollten alkoholfreie Cocktails nicht unterschätzt werden: Sie können echte Vitaminbomben und Fitness-Shooter sein.

Alkoholfreie Cocktails passen zu jedem Anlass, egal ob zum Grillabend mit Freunden, dem gemütlichen Sofa-Sonntag mit der Familie oder zu einem Candle-Light-Dinner mit deiner Partnerin bzw. deinem Partner.

Ob allein oder zu zweit: Die kleine Kunst des Cocktail-Mixens bringt neben Kreativität jede Menge Spaß mit sich. Wenn du dazu noch Saisonalität mit Frische aus der Region verbinden kannst – umso besser!

In diesem Buch findest du 40 verschiedene Cocktailrezepte, jeweils passend zu den 4 verschiedenen Jahreszeiten und möglichst mit frischen saisonalen und regionalen Zutaten zubereitet.

Du wolltest schon immer wissen, wie du ganz leicht wunderschöne Garnituren zaubern kannst und welches Equipment benötigt wird, um einen tollen Cocktail zu kreieren? Auch das ist Inhalt des Buches, welches du gerade in deinen Händen hältst.

Ich wünsche dir nun viel Spaß beim Cocktail mixen!

PS: Am Ende des Buches hast du noch die Möglichkeit, eigene Cocktail-Ideen einzutragen – dieses Buch bietet dafür jede Menge Inspiration und viele Anregungen.

INHALT – WAS DICH ERWARTET:

Kleine Geschichte des Cocktails / Seite 10–14

Equipment – was du benötigst / Seite 15–21

ABC der Arbeitstechniken / Seite 22–24

Garnierungsideen – einfach und kreativ / Seite 25–29

Grundrezept für Zuckersirup / Seite 30–33

Erläuterung der verwendeten Symbole / Seite 34–35

Cocktails für den Frühling / Seite 36–57

„Johannisbeer-Spritz“ / Seite 38–39

„Thyme-Time“ / Seite 40–41

„Frühlings-Brise“ / Seite 42–43

„Spicy-Rhubarb“ / Seite 44–45

„Spring-Break“ / Seite 46–47

„Kiwi-Wonder“ / Seite 48–49

„Basil-Berry“ / Seite 50–51

„Evergreen“ / Seite 52–53

„Sunset-Lover“ / Seite 54–55

„Erdbeer-Traum“ / Seite 56–57

Cocktails für den Sommer / Seite 58–79

„Brombeer-Rosenkavalier" / Seite 60–61

„Summer-Feeling" / Seite 62–63

„Garden-Fizz" / Seite 64–65

„Mango-Punch" / Seite 66–67

„Frozen-Love" / Seite 68–69

„Sommernachtstraum" / Seite 70–71

„Vanilla-Darling" / Seite 72–73

„Pineapple-Ocean" / Seite 74–75

„Icy-Blueberry" / Seite 76–77

„Mrs. Passion" / Seite 78–79

Cocktails für den Herbst / Seite 80–101

„Cucumber-Mint" / Seite 82–83

„Pumpkin-Dream" / Seite 84–85

„Herby-Pomegranate" / Seite 86–87

„Herbstwind" / Seite 88–89

„Wachmacher" / Seite 90–91

„Fancy-Night" / Seite 92–93

„Single-Cinnamon“ / Seite 94–95

„Grapy-Lemon“ / Seite 96–97

„Salbei-Himmel“ / Seite 98–99

„Honeymoon“ / Seite 100–101

Cocktails für den Winter / Seite 102–123

„Schneewittchen“ / Seite 104–105

„Exquisit“ / Seite 106–107

„Mandarini-Doppio“ / Seite 108–109

„Creamy-Apple“ / Seite 110–111

„Weihnachtswunder“ / Seite 112–113

„Rosemary-Fizz“ / Seite 114–115

„Cherry-Lady“ / Seite 116–117

„Elfenzauber“ / Seite 118–119

„Spaß-im-Glas“ / Seite 120–121

„Honigbär“ / Seite 122–123

Leckere Bowlen / Seite 124–126

„Fruity Ginger-Bowle“ / Seite 124–125

„Bee-Bowle“ / Seite 125–126

Vegane Cocktails / Seite 127

Mix-Spaß mit Kindern / Seite 128–133

„Cotton-Candy-Love“ / Seite 130–131

„Bälle-Paradies“ / Seite 132–133

Zutaten regional einkaufen / Seite 134–135

Saisonkalender der Früchte / Seite 136–137

Übersichtstafel Vitamine und Mineralstoffe / Seite 138

Vitamine und Mineralstoffe – eine kleine Übersicht / Seite 139

Platz für eigene Cocktail-Ideen/ Seite 140–141

Literatur- und Quellennachweis / Seite 142

Bildnachweis / Seite 142

DIE GESCHICHTE DES COCKTAILS

Die ersten alkoholischen Mixgetränke gab es bereits im frühen 18. Jahrhundert, allerdings hatten sie damals noch keinen spezifischen Namen. Die Namensgebung „Cocktail" kam erst gegen Ende des Jahrhunderts auf und leider ist nicht sicher überliefert, woher der Name stammt. Aber bekannt sind drei Überlieferungen, wie es zu der Bezeichnung „Cocktail" gekommen sein soll:

Der damals in Amerika lebende französische Apotheker Antoine Peychaud soll Eierbecher genutzt haben, um darin Mixgetränke zu servieren. Auf Französisch heißt Eierbecher „Coquetier", und es wird vermutet, dass aus dieser Bezeichnung der Name „Cocktail" abgeleitet wurde und sich so verbreitet hat.

Zwei weitere Überlieferungen beziehen sich auf die englische Bedeutung des Begriffes „cock-tail", was mit „Hahnenschwanz" übersetzt wird:

Im 18. Jahrhundert waren Hahnenkämpfe in vielen Ländern traditionell unter der Bevölkerung sehr beliebt. Zu den Gepflogenheiten zählte auch, dass der Besitzer des Gewinner-Hahns die Schwanzfedern des besiegten Hahnes erhielt. Gemäß des damaligen Brauchs wurde anschließend mit einem Getränk auf den Sieger angestoßen – mit dem Trinkspruch: „Let's have a drink on the cock's tail!". Die nach den Kämpfen gereichten Getränke wurden „Cocktails" genannt.

Eine weitere Überlieferung sagt, dass bereits damals die Zubereitungsart des „Schichtens" für einen Cocktail verwendet wurde. Dabei werden z. B. verschiedene Liköre oder Sirupe über einen Barlöffel langsam in ein Glas gegossen, wobei sich die Schichten nicht vermischen dürfen. Das Ergebnis ist ein wunderschön geschichtetes Gesamtbild. Diese unterschiedlichen Farben in der Seitenansicht des Glases ähneln einem bunten Hahnen-

schwanz – daher die Vermutung, dass der Name auch hiervon stammen könnte.

Auch wenn die Namensgebung des Cocktails nicht sicher geklärt ist, ist einiges über die Erfolgsgeschichte des Cocktails bekannt:

Alles begann in Nordamerika im 18. Jahrhundert, einer Zeit, in der es noch keine große Spirituosenauswahl gab. Getrunken wurde vor allem Whiskey, der nicht annähernd die Standards der heutigen Alkoholherstellung erfüllte und deshalb in der Literatur als „herb", „bitter" und manchmal sogar als „ungenießbar" beschrieben wurde. Der reine Whiskey als Drink schmeckte verständlicherweise nicht jedem, und so war es häufig üblich, ihm mit Sirupen, Säften, Kräutern und anderen Zutaten einen besseren Geschmack zu geben.

Im 19. Jahrhundert kamen viele Einwanderer aus Europa und anderen Ländern nach Amerika und brachten ihr Wissen über Alkoholherstellung und bessere Destillationsverfahren mit. Darüber hinaus sorgte der welt-

weite Ausbau der Handelswege für einen verstärkten Austausch von Gütern, zu denen auch Säfte, Liköre und andere Spirituosen zählten. So verankerte sich der „Cocktail“ im Laufe der Zeit als fester Bestandteil in der amerikanischen Lebensart und immer mehr Cocktail-Ideen wurden von kreativen Bar-Chefs entwickelt. Viele der berühmtesten Cocktails wurden damals erfunden und sind bis heute unter ihren Namen bekannt.
Aufgrund der großen Anzahl an Cocktails wurde später eine Unterteilung in unterschiedliche Kategorien üblich: Heute gibt es mehr als 25 verschiedene Untergruppen. Dazu zählen z. B. anlassbezogene Unterscheidungen – Aperitif (Before-Dinner-Drink) und Digestive (After-Dinner-Drink) – oder nach Art der Getränke unterteilt in Longdrinks (aufgefüllte Drinks), Shortdrinks und mit zunehmendem Trend die alkoholfreien Cocktails.

Die sog. Prohibition (Alkoholverbot) in den USA von 1919 bis 1933 „vertrieb“ viele Barkeeper zu dieser Zeit nach Europa und sorgte dort für eine Verbreitung ihres Wissens über die Getränke, deren Herstellung und die Zusammensetzung bekannter Cocktails.

In Deutschland kam der Cocktail-Trend aus Amerika aufgrund des 2. Weltkrieges sehr verspätet an. Die „große Kunst des Mixens“ wurde in Deutschland erst im Rahmen des Wirtschaftsbooms in den 50er-Jahren entdeckt und hat sich seit den 70er-Jahren in der Gastronomie etabliert.

In den 80er- und 90er-Jahren entstanden dann auch in deutschen Großstädten Bars von internationalem Renommee, die bekannteste war sicherlich Schumann's American Bar in München.

Aus aktueller Sicht wächst der Trend zu Cocktails und insbesondere auch zu alkoholfreien Cocktails immer weiter an, wobei die Kreativität und optische Gestaltung eine große Rolle spielt. An den Rezepturen der sog. Klassiker werden von jungen Barkeepern häufig nur Kleinigkeiten geändert, die völlig neue spannende Drinks entstehen lassen.

DAS EQUIPMENT –
die Grundausstattung für gelungene Cocktails

In diesem Kapitel möchte ich dir gerne zeigen, welches Equipment für deine eigene kleine Bar zu Hause benötigt wird und was du wie nutzt. Einen Großteil der Grundausstattung kannst du übrigens günstig als komplettes Set kaufen und vielleicht ist in deiner Küche ja bereits das eine oder andere vorhanden.

SHAKER

Bei jedem ambitionierten Hobby-Barkeeper darf eines nicht fehlen – der Shaker, um mit ihm Cocktails zu mixen. In ihn werden neben den Zutaten oftmals Eiswürfel hinzugegeben, damit die Cocktails während des Shakens (Schüttelns) möglichst schnell heruntergekühlt werden.

Beim Shaker unterscheidet man zwei Arten:

Der „Klassiker“ ist sicherlich der „Boston-Shaker“, den man in fast jeder Bar vorfindet. Das kleinere Behältnis kann sowohl aus Glas als auch aus Edelstahl sein. Durch seine Größe kannst du gleichzeitig zwei Cocktails auf einmal zubereiten. Allerdings wird für diesen Shaker noch ein separates Barsieb benötigt, um die Eiswürfel bzw. verwendeten Obstabschnitte nicht mit ins Glas zu schütten und ein Verspritzen zu vermeiden.

Gerne verwendet wird auch der sog. „Cocktail-Shaker“, dessen Vorteil darin besteht, dass bereits ein Sieb fest eingebaut ist. Allerdings ist dieser Shaker eher für kleinere Mengen und einzelne Cocktails geeignet.

Grundsätzlich kannst du für alle Cocktails in diesem Buch beide Arten von Shakern benutzen.

MIXER

Der Mixer ist für die Grundausstattung deiner Bar nicht unbedingt notwendig, sondern wird überwiegend eingesetzt, um Flüssigkeiten mit Crushed Ice zu mixen und damit sog. „Frozen Cocktails“ zu zaubern.

MESSBECHER

Dieser kleine Helfer ist eine absolute Notwendigkeit und hilft dir beim Abmessen deiner flüssigen Zutaten. Der Bar-Messbecher hat immer eine größere und eine kleinere Seite mit unterschiedlichem Volumen. Die genauen Maßangaben der beiden Seiten in „cl“ findest du meist auf der Innen- oder Außenseite des Messbechers.

Gut zu wissen: 1 cl entspricht 10 ml Flüssigkeit.

BARSIEB

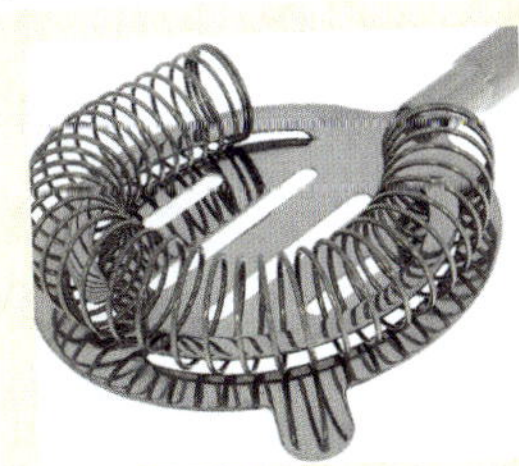

Das Barsieb benötigst du für den „Boston-Shaker“, um beim Einfüllen in das Glas das Mitschütten des Eises oder/und der Obstabschnitte in den Cocktail zu verhindern.

FEINES SIEB

Das feine Sieb ist eine Ergänzung zum Barsieb für den Boston-Shaker oder dem bereits eingebauten Sieb im Cocktail-Shaker. Es wird genutzt, um noch kleinere Bestandteile, wie z. B. Fruchtfleisch oder Kräuter, komplett herauszufiltern, damit diese nicht ins Glas gelangen und den Trinkgenuss stören.

AUSGIESSER

Der Ausgießer kann dich beim Einfüllen vom Inhalt der Flaschen in den Messbecher unterstützen – du kannst so besser zielen, und es wird somit weniger verschüttet. Dieses kleine Tool ist kein „Muss" – ist aber auf jeden Fall hilfreich.

BARLÖFFEL

Die Barlöffel kommen zum Einsatz, wenn ein Cocktail nicht geshaked, sondern nur gerührt werden darf. Er ist übrigens in den meisten Equipment-Sets bereits dabei.

STÖSSEL

Mit dem Stößel kannst du Obststücke und Kräuter im Shaker oder Glas zerdrücken, damit sie ihren Saft abgeben bzw. ihr volles Aroma entfachen.

HANDSAFTPRESSE

Aufgrund ihrer einfachen Handhabung kannst du mit der Handsaftpresse schnell eine kleine Menge frischen Limetten-, Zitronen- oder Orangensaft pressen.

Zusätzliche kleine „Helferlein“:

- Messer
- Schneidebrett
- Flaschenöffner
- Gemüseschäler
- Kochtopf
- Strohhalme (wir empfehlen aus Nachhaltigkeitsgründen Glas-Strohhalme)

WICHTIGER BESTANDTEIL DEINES EQUIPMENTS – DIE GLÄSER:

Jetzt möchte ich dir gerne zeigen, welche Gläser für die Cocktails in diesem Buch verwendet wurden. Es steht dir natürlich frei, auch andere Gläser zu verwenden. Bitte beachte dabei, dass die angegebenen Füllmengen jeweils auf die verwendeten Gläser angepasst wurden. D. h., du solltest dementsprechend das Mischverhältnis anpassen, wenn du ein Glas in einer anderen Größe bevorzugst.

Wichtig: Alle Angaben zu den Gläsern beziehen sich auf die Füllmenge der Gläser **ohne** Eiswürfel.

COCKTAILSCHALE
180 ml

SEKTGLAS
180 ml

HIGHBALL-GLAS
350 ml

TUMBLER
320 ml

BALLON-GLAS
400 ml

WEINGLAS
400 ml

TEE-GLAS
300 ml

ABC DER ARBEITSTECHNIKEN

A – ABSEIHEN:

Unter dem sog. Abseihen versteht man das Trennen von Eis bzw. festen Zutaten (wie z. B. Kräutern oder Obst) von dem Cocktail selbst. Dies passiert in der Regel direkt nach dem Shaken/Rühren des Cocktails mithilfe eines Barsiebes oder eines Feinsiebes.

B – BAUEN:

Beim „Bauen“ wird der Cocktail buchstäblich im Glas gebaut – die Zutaten werden nach und nach hinzugegeben und am Ende ggf. noch mit dem Barlöffel umgerührt. Bei dieser Zubereitungsart ist kein Shaken des Cocktails notwendig.

M – MIXEN:

Hierfür benötigen wir einen elektronischen Mixer, in den Crushed Ice und alle Zutaten gegeben und gemixt werden. Dabei entsteht eine homogene Masse, welche auch als „Frozen Cocktail" bezeichnet wird. Die gewünschte Konsistenz kann durch die Hinzugabe von etwas mehr oder weniger Crushed Ice ganz nach Geschmack verändert werden.

M – MUDDELN:

Beim sog. Muddeln zerdrückst du mit einem Stößel die Früchte bzw. Kräuter entweder direkt im Glas oder im Shaker. Dadurch treten der Saft, die Aromen und die sehr wichtigen ätherischen Öle aus, die später für einen großartigen Geschmack verantwortlich sind.

R – RÜHREN:

Mit deinem Barlöffel verrührst du alle Zutaten im Glas. Dabei vermischst du nicht nur die Bestandteile, sondern senkst – insofern Eiswürfel im Glas sind – gleichzeitig auch die Temperatur des Cocktails.

S – SCHICHTEN:

Beim Schichten gießt du die Zutaten langsam über den Rücken des Barlöffels in das Gefäß. Meist werden zuckerhaltige Bestandteile zuerst in das Glas gegeben, da sie schwerer sind und deshalb die unteren Schichten bilden. So entsteht bei der richtigen Zutatenwahl ein optisch außergewöhnlich geschichtetes Endergebnis.

S – SCHÜTTELN / SHAKEN:

Das Schütteln / Shaken ist die wichtigste Arbeitstechnik, die bei den meisten Cocktails angewendet wird. Dabei machst du mit dem Shaker eine mehrfache Aufwärts- bzw. Abwärtsbewegung und bringst so „Luft in den Cocktail" und kühlst ihn – falls Eiswürfel beinhaltet sind – intensiv herunter.

GARNIERUNGSIDEEN – *einfach und kreativ*

Mit etwas Liebe zum Detail kann mithilfe der Garnitur aus deinem Cocktail ein kleines Kunstwerk entstehen. Sog. Garnituren (Deko mit Obst oder Kräutern) dienen aber nicht nur der Optik, sondern geben deinem Cocktail oftmals das gewisse Extra und zusätzliche Frische. Sie können darüber hinaus die Idee und den Hauptbestandteil des Getränkes widerspiegeln.

Hier habe ich einige meiner Lieblingsgarnituren für dich zusammengestellt, die dir mit etwas Übung auch gelingen werden:

DIE ZITRONEN-SCHEIBE – KLASSISCH UND BELIEBT:

Zuerst schneidest du einige gleichmäßig dicke Scheiben aus einer halben Zitrone (wie ein Halbmond). Ein Teil davon wird wie ein Fächer aufgespießt und eine Scheibe davon als Abschluss leicht gebogen an einem Ende auf den Spieß gesetzt. Zum Schluss kannst du mittig noch einen Minzkopf (kleiner Zweig einer Minzpflanze) anbringen.

DIE GURKENSCHEIBE – UNGEWÖHNLICH UND KREATIV:

Bei der linken Variante der beiden Gläser wird die Gurkenscheibe (längs) wie eine Schnecke zusammengerollt und danach wellenförmig auf einen Spieß gesetzt.

Die Gurkenscheibe des rechten Glases wurde vorab an der Glasrand-Innenseite angebracht und danach mit Crushed Ice aufgefüllt, damit die Garnitur später nicht verrutscht. Minze-Blätter sind eine ideale Ergänzung für die rechte Garnitur.

DIE ORANGEN-ZESTE – EINFACH UND ELEGANT:

Hierfür den Rand einer Orange mithilfe eines Schälers in einem langen Stück abnehmen. Diese sog. Zeste in der Mitte einschneiden, damit sie später am Glasrand hält. Wie du oben sehen kannst, gibt es viele verschiedene Varianten des Schnittmusters. Bevor du die Orangen-Zeste anbringst, rollst du sie noch ein, damit sie ihre geschwungene Form erhält.

Empfehlung: während des Einrollens möglichst direkt über das Glas halten, damit die dabei freigesetzten ätherischen Öle der Orange sich auf das Glas verteilen.

Schon gewusst?

Der Geruchs- und der Geschmackssinn sind eng miteinander verbunden. Sowohl die Nase als auch die Zunge übermitteln ihre Eindrücke direkt an das Gehirn. So hat z. B. eine einfache, allerdings auch sehr geruchsintensive Orangen-Zeste einen großen Einfluss auf das Geschmacks-Erlebnis deines Cocktails.

DIE EIS-SCHALE – EIN ECHTER „HINGUCKER“:

Dafür benötigst du sehr feines Crushed Ice – am besten mit einem Mixer zusätzlich zerkleinern. Das Crushed Ice wird in eine Handsaftpresse gegeben und fest zusammengedrückt. Danach wird die so entstandene „Eis-Schale“ vorsichtig gelöst und auf das Cocktailglas gesetzt. Sie hält am besten auf den Cocktails, für die Crushed Ice als Bestandteil verwendet wird und im Glas eine stabile Unterlage bildet. Die Eis-Schale kann nach Belieben mit einem leckeren Beerenmix und ggf. Kräutern gefüllt bzw. dekoriert werden.

DER APFEL-FÄCHER – LECKER UND ANMUTIG ZUGLEICH:

Dafür einfach einen Apfel halbieren und ihn dann in gleichmäßig dünne Scheiben schneiden. Diese Scheiben werden nun fächerförmig aufgespießt und auf das Glas gelegt. Außergewöhnlich wird diese Garnitur, wenn du sie mit einem Rosmarin-Zweig ergänzt!

GRUNDREZEPT FÜR ZUCKERSIRUP

Bestandteil in fast jedem Cocktail ist Zuckersirup, wird häufig gebraucht und kann übrigens ganz einfach selber gemacht werden.

Rezept: Klassischer Zuckersirup

½ Wasser
½ Zucker
D. h., Zuckersirup wird zu gleichen Teilen aus Zucker und Wasser hergestellt, also z. B. 100 g Zucker und 100 ml Wasser.

Für einen kleinen „Aroma-Kick" kannst du diese Mischung noch verfeinern mit:

- Vanille
- Zimtstange
- Ingwer
- Holunderblüte
- und vieles mehr (einfach mal ausprobieren).

Die Zubereitung ohne „Aroma-Kick“: das Wasser in einem kleinen Topf erhitzen und den Zucker langsam und sorgfältig unterrühren. Den Topf nun zur Seite stellen und abkühlen lassen. Anschließend kannst du den Zuckersirup in eine Flasche abfüllen und im Kühlschrank aufbewahren.

Die Zubereitung mit „Aroma-Kick“: hier wird ebenfalls zuerst das Wasser erhitzt und der Zucker untergerührt. Dann fügst du deinen persönlichen „Aroma-Kick“ hinzu und lässt alles für einige Minuten köcheln. Nun den fertigen Sirup am besten über Nacht im Topf stehen lassen, damit die Zutaten ihr volles Aroma entfalten können. Am nächsten Tag den Topfinhalt durch ein Feinsieb abseihen und in einer Flasche abgefüllt im Kühlschrank aufbewahren.

Rezept: Frucht-Zuckersirup

VARIANTE 1:

½ Zucker
½ Fruchtsaft anstatt Wasser

VARIANTE 2:

⅓ Wasser
⅓ Zucker
⅓ frisch gepresster Fruchtsaft oder Fruchtfleisch, zerkleinert

Als Früchte bzw. Fruchtsäfte eignen sich besonders:

- Zitrone / Limette
- Granatapfel
- Orange
- Erdbeere / Himbeere

Zubereitung mit Fruchtsaft: Hierbei verfährst du wie im Grundrezept. Anstatt Wasser kochst du den Fruchtsaft auf und rührst dann den Zucker sorgfältig hinein. Alles gut abkühlen lassen und in eine Flasche umfüllen.

Zubereitung mit Früchten: Bei dieser Herstellung wird das Wasser aufgekocht, der Zucker untergerührt und dann die klein geschnittenen Früchte oder das Früchte-Mus für einige Minuten mitgekocht. Ich empfehle, den Sirup über Nacht im Topf stehen zu lassen und erst am nächsten Tag von den Früchten zu trennen und in einer Flasche abzufüllen.

Kleiner Tipp: Sollte der Sirup dir noch nicht dickflüssig genug sein, kannst du kurzerhand den Zuckeranteil erhöhen und so die Konsistenz anpassen.

DIE VERWENDETEN SYMBOLE UND IHRE BEDEUTUNGEN:

SCHWIERIGKEITSGRAD:

 kinderleicht

 einfach

 eine kleine Herausforderung

GESCHMACK:

 erfrischend / säuerlich

 süß / lieblich

 herb

SONSTIGES:

Kinders Liebling

Vitamin-Bombe

Hingucker

vegan

FRÜHLING

JOHANNISBEER-SPRITZ

JOHANNISBEER-SPRITZ

REZEPTUR:

- 20 frische Johannisbeeren
- 2 cl Holunder-Sirup
- 1 cl Erdbeer-Sirup
- 2 cl Limettensaft
- Ginger Ale
- Crushed Ice

GLAS: Highball-Glas

BENÖTIGTES EQUIPMENT: Messbecher, Cocktailstößel, Barlöffel

ZUBEREITUNG: Als Erstes werden die Johannisbeeren gewaschen, in das Highball-Glas gegeben und mit dem Cocktailstößel zerdrückt. Nun gießt du die restlichen Zutaten ohne das Ginger Ale ebenfalls in das Glas und rührst alles mit dem Barlöffel sorgfältig um. Anschließend Crushed Ice bis zur Oberkante des Glases zufügen und mit Ginger Ale auffüllen. Den gesamten Inhalt nochmals vorsichtig verrühren – dabei bitte darauf achten, von unten nach oben zu rühren.

GARNITUR: 2 Johannisbeeren-Stängel

„Die perfekte Erfrischung für den Frühling!“

THYME-TIME

THYME-TIME

REZEPTUR:

- 3 Stängel frischer Thymian
- 2 cl Maracuja-Sirup
- 6 cl Pflaumensaft
- 3 cl Zitronensaft
- 5 cl Sprite
- Eiswürfel

GLAS: Sektglas

BENÖTIGTES EQUIPMENT: Cocktail-Shaker oder Boston-Shaker (mit Barsieb), Messbecher, Feinsieb, Cocktail-stößel

ZUBEREITUNG: Zunächst gibst du alle Zutaten bis auf die Sprite in den Shaker, füllst ihn zu ⅔ mit Eiswürfeln auf und schließt ihn. Jetzt wird für ca. 15–20 Sekunden kräftig geshaked, damit der Thymian sein volles Aroma entfaltet. Anschließend den Cocktail zusätzlich zum Barsieb durch ein Feinsieb in das Sektglas abseihen, um auch die kleinen Thymianbestandteile komplett zu filtern. Die Sprite in das Glas zugießen – fertig.

GARNITUR: Zitronen-Spirale

„Erfrischend und herb zugleich – ein toller Aperitif!"

FRÜHLINGS-BRISE

FRÜHLINGS-BRISE

REZEPTUR:

- 2 Stängel frischer Rosmarin
- 6 frische Erdbeeren
- 4 cl Erdbeer-Sirup
- 4 cl Limettensaft
- Sodawasser
- Crushed Ice & Eiswürfel

GLAS: Highball-Glas

BENÖTIGTES EQUIPMENT: Cocktail-Shaker oder Boston-Shaker (mit Barsieb), Messbecher, Feinsieb, Cocktail-Stößel, Barlöffel

ZUBEREITUNG: Als Erstes die Erdbeeren waschen, dann alle Zutaten bis auf das Sodawasser in den Shaker füllen und mit dem Cocktailstößel zerdrücken. Jetzt den Shaker zu ¾ mit Eiswürfeln füllen, ihn schließen und alles für 15–20 Sekunden schütteln. Den Inhalt durch ein Feinsieb in das Highball-Glas abseihen, welches du vorher komplett mit Crushed Ice gefüllt hast. Dann das Glas mit Sodawasser aufgießen, mit dem Barlöffel vorsichtig von unten nach oben umrühren.

GARNITUR: Rosmarin-Stängel, 2 Erdbeer-Viertel

„Diese Kombination aus Rosmarin und Erdbeere ist einfach himmlisch!"

SPICY-RHUBARB

SPICY-RHUBARB

REZEPTUR:

- 30 g frischer Ingwer
- ½ frische Orange
- 3 cl Zucker-Sirup
- 4 cl Limettensaft
- 10 cl Rhabarbersaft
- Crushed Ice & Eiswürfel

GLAS: Weinglas

BENÖTIGTES EQUIPMENT: Cocktail-Shaker oder Boston-Shaker (mit Barsieb), Messbecher, Feinsieb, Cocktailstößel

ZUBEREITUNG: Zu Beginn werden der Ingwer und die Orange gewaschen, klein geschnitten, in den Shaker gegeben und mit dem Cocktailstößel fest zerdrückt. So setzen die Stücke ihren Saft, die ätherischen Öle und den Geschmack am besten frei. Jetzt alle übrigen Zutaten dazugeben, den Shaker zu ⅔ mit Eiswürfeln füllen und verschließen. Den Cocktail für 15–20 Sekunden schütteln, dann ein Weinglas zu ⅔ mit Crushed Ice füllen und den Inhalt des Shakers durch das Feinsieb in das Glas abseihen.

GARNITUR: 2 Ingwer-Scheiben, Orangen-Zeste

„Ingwer, bekannt als Superfood – optimal für gesunde Cocktails!"

SPRING-BREAK

SPRING-BREAK

REZEPTUR:

- 1 frische Maracuja
- 6 Blätter frische Minze
- 3 cl Honig
- 4 cl Cranberrysaft
- 4 cl Orangensaft
- Crushed Ice & Eiswürfel

GLAS: Tumbler

BENÖTIGTES EQUIPMENT: Cocktail-Shaker oder Boston-Shaker (mit Barsieb), Messbecher, Feinsieb, Barlöffel

ZUBEREITUNG: Als Erstes halbierst du die Maracuja und entnimmst das Fruchtfleisch mit einem Löffel. Das Fruchtfleisch gibst du direkt mit den anderen Zutaten in den Shaker und rührst alles mit deinem Barlöffel um, bis sich der Honig gut verteilt hat. Nun befüllst du den Shaker zu ⅔ mit Eiswürfeln, schließt ihn und shakst deinen Cocktail für ca. 15 Sekunden. Danach wird der Tumbler (Glas) komplett mit Crushed Ice gefüllt und der Cocktail durch das Feinsieb in das Glas abgeseiht. Durch das Abseihen werden die Maracuja-Kerne von der Flüssigkeit getrennt.

GARNITUR: Minzkopf, Orangen-Scheibe

„Damit kann man den Abend perfekt ausklingen lassen …"

KIWI-WONDER

KIWI-WONDER

REZEPTUR:

- 1 frische Kiwi (gerne etwas überreif bzw. weich)
- 5 cl Birnensaft
- 5 cl Apfelsaft (naturtrüb)
- 2 cl Zitronensaft
- Eiswürfel

GLAS: Highball-Glas

BENÖTIGTES EQUIPMENT: Cocktail-Shaker oder Boston-Shaker (mit Barsieb), Messbecher, Mixer

ZUBEREITUNG: Zuerst wird die Kiwi in 2 Hälften zerteilt, mit dem Löffel ausgehöhlt und das Fruchtfleisch zusammen mit dem Zitronensaft in einen Mixer gegeben und püriert. Das fertige Kiwi-Püree kommt jetzt mit dem Apfel- und dem Birnensaft in den Shaker. Der Shaker wird zu ⅔ mit Eiswürfeln befüllt, geschlossen und für ca. 10 Sekunden geshaked. Danach gießt du den Cocktail in das zuvor zu ¾ mit Eiswürfeln gefüllte Highball-Glas.

GARNITUR: Kiwi-Spieß

„Gesund und lecker – der besondere Liebling von Eltern und Kindern gleichermaßen!“

BASIL-BERRY

BASIL-BERRY

REZEPTUR:

- 100 g frische Beeren (Himbeeren, Heidelbeeren, Johannisbeeren – ganz nach deinem Geschmack)
- 8 Blätter frisches Basilikum
- 3 cl Agaven-Sirup
- 3 cl Limettensaft
- Sanbitter
- Crushed Ice, Eiswürfel

GLAS: Tumbler

BENÖTIGTES EQUIPMENT: Cocktail-Shaker oder Boston-Shaker (mit Barsieb), Messbecher, Feinsieb, Cocktailstößel

ZUBEREITUNG: Zunächst wäschst du die Beeren und füllst sie zusammen mit allen Zutaten außer dem Sanbitter in den Cocktailshaker. Mit dem Cocktailstößel zerdrückst du jetzt sorgfältig die Beeren und das Basilikum. Anschließend werden so viele Eiswürfel in den Shaker gegeben, dass er zu ⅔ gefüllt ist. Jetzt brauchst du ihn nur noch zu schließen und alles für ca. 15–20 Sekunden zu schütteln. Der Tumbler wird nun komplett mit Crushed Ice gefüllt und der Cocktail durch ein Feinsieb in das Glas abgeseiht. Abschließend verleihst du dem Cocktail noch eine klassische bitter-herbe Note, indem du ihn mit Sanbitter aufgießt.

GARNITUR: Eisschale mit Beerenmix

„Versprochen: Das wird ein fruchtig-herber Spaß!“

EVERGREEN

TIPP: Du möchtest wissen
wie die hübsche Gurkenspira
gemacht wird? Ganz einfach
schau doch mal, auf Seite 2
(Garnituren leicht gemacht
vorbei.

REZEPTUR:

- 8 Blätter frische Minze
- 10 Blätter frischer Spinat
- 2 Gurkenscheiben (längs)
- 3 cl Zucker-Sirup
- 4 cl Limettensaft
- Crushed Ice, Eiswürfel

GLAS: Highball-Glas

BENÖTIGTES EQUIPMENT: Cocktail-Shaker oder Boston-Shaker (mit Barsieb), Messbecher, Feinsieb, Cocktailstößel

ZUBEREITUNG: Zu Beginn schneidest du an der Längsseite der Gurke zwei Scheiben ab – am besten eignet sich dafür der Gemüseschäler. Alle Zutaten inklusive der Gurkenscheiben in den Shaker geben und den Inhalt mit einem Cocktailstößel zerdrücken. Nun befüllst du den Shaker zu ⅔ mit Eiswürfeln, schließt ihn und shakst alles für ca. 15 Sekunden. Im Anschluss wird das Highball-Glas komplett mit Crushed Ice gefüllt und durch ein Feinsieb in das Highball-Glas abgeseiht.

GARNITUR: 2 Spinatblätter, Gurkenspirale

„Spinat in einem Cocktail – ungewohnt, aber passend!"

SUNSET-LOVER

SUNSET-LOVER

REZEPTUR:

- 1 cl Grenadine-Sirup
- 2 cl Pfirsich-Sirup
- 3 cl Zitronensaft
- 8 cl Pfirsichsaft
- Eiswürfel

GLAS: Sektglas

BENÖTIGTES EQUIPMENT: Cocktail-Shaker oder Boston-Shaker (mit Barsieb), Messbecher, Barlöffel

ZUBEREITUNG: Zunächst gibst du alle Zutaten ohne den Grenadine-Sirup in deinen Shaker und füllst diesen zu ⅔ mit Eiswürfeln. Jetzt den Shaker schließen und den Cocktail für ca. 10–15 Sekunden schütteln. Schließlich wird der Cocktail in das Sektglas abgeseiht und dann lässt du über den Barlöffel-Rücken langsam den Grenadine-Sirup in das Glas laufen – so entsteht auch die außergewöhnliche Schichtung.

GARNITUR: Zitronen-Zeste

„Mein absoluter Pfirsich-Traum!"

ERDBEER-TRAUM

ERDBEER-TRAUM

REZEPTUR:

- 4 frische Erdbeeren
- 2 cl Erdbeer-Sirup
- 2 cl Limettensaft
- 5 cl schwarzer Tee
- Eiswürfel

GLAS: Cocktailschale

BENÖTIGTES EQUIPMENT: Cocktail-Shaker oder Boston-Shaker (mit Barsieb), Messbecher, Mixer

ZUBEREITUNG: Als Erstes kochst du eine Tasse schwarzen Tee und lässt diesen abkühlen. In der Zeit kannst du gut das Erdbeer-Püree vorbereiten: die Erdbeeren waschen und mit dem Limettensaft in deinem Mixer pürieren. Jetzt den abgekühlten Tee, das Fruchtpüree und der Erdbeer-Sirup in den Shaker geben und diesen zu ⅔ mit Eiswürfeln auffüllen. Den Shaker schließen, alles für ca. 15–20 Sekunden shaken und dann den Inhalt in die Cocktailschale abseihen.

GARNITUR: Erdbeer-Spieß

„Für alle Erdbeer-Liebhaber!"

SOMMER

BROMBEER-ROSENKAVALIER

BROMBEER-ROSENKAVALIER

REZEPTUR:

- 6 frische Brombeeren
- 6–8 Blätter frische Minze
- 2 cl Agaven-Sirup
- 0,5 cl Rosen-Sirup
- 2 cl Limettensaft
- 8 cl Schwarzer Johannisbeersaft
- Crushed Ice & Eiswürfel

GLAS: Tumbler

BENÖTIGTES EQUIPMENT: Cocktail-Shaker oder Boston-Shaker (mit Barsieb), Messbecher, Feinsieb, Cocktailstößel

ZUBEREITUNG: Zuerst werden die Brombeeren gewaschen und kommen mit den Minzblättern in deinen Shaker. Beides mit dem Cocktailstößel leicht zerdrücken, damit sie ihren Saft und ihr volles Aroma freigeben. Nun fügst du den Schwarzen Johannisbeersaft, den Limettensaft und die beiden Sirupe hinzu. Den Shaker zu ⅔ mit Eiswürfeln auffüllen, schließen und für ca. 15–20 Sekunden schütteln. Abschließend seihst du den Cocktail durch das Feinsieb in ein Tumbler Glas ab, das du zuvor vollständig mit Crushed Ice gefüllt hast. Das Abseihen durch das Sieb ist wichtig, denn so filterst du die kleinen Minzblätter und Brombeerstücke heraus.

GARNITUR: Zwei Brombeeren, ein Minzblatt

„Ein besonders leckerer Cocktail!“

SUMMER-FEELING

REZEPTUR:

- 5 Stängel frischer Thymian
- 2 cl Grenadine-Sirup
- 2 cl Zitronensaft
- 8 cl Orangensaft
- Crushed Ice & Eiswürfel

GLAS: Tumbler

BENÖTIGTES EQUIPMENT: Cocktail-Shaker oder Boston-Shaker (mit Barsieb), Messbecher, Feinsieb

ZUBEREITUNG: Zunächst kommen alle Zutaten in den Shaker, dieser wird zu ⅔ mit Eiswürfeln aufgefüllt und geschlossen. Anschließend shakst du den Cocktail für 15–20 Sekunden. Crushed Ice in das Tumbler-Glas geben, bis es komplett voll ist. Danach seihst du den Cocktail durch ein Feinsieb in das Glas ab und garnierst es.

GARNITUR: Thymian-Zweig, Orangen-Zeste

„Riechst du den herb-würzigen Geruch des Thymians, der eine außergewöhnliche Verbindung mit der Süße der Orange eingeht?"

GARDEN-FIZZ

GARDEN-FIZZ

REZEPTUR:

- 2 Gurkenscheiben (längs)
- 2 Stängel frischer Rosmarin
- 4 frische Erdbeeren
- 4 cl Kirsch-Sirup
- 2 cl Limettensaft
- Tonic Water
- Crushed Ice

GLAS: Highball-Glas

BENÖTIGTES EQUIPMENT: Messbecher, Cocktailstößel, Barlöffel

ZUBEREITUNG: Zur Vorbereitung schneidest du von der Längsseite der Gurke zwei Scheiben ab. Besonders leicht geht das mit dem Gemüseschäler. Nun werden die gewaschenen Erdbeeren zusammen mit den Gurkenscheiben und den Rosmarin-Stängeln direkt in das Highball-Glas gegeben und mit dem Cocktailstößel zerdrückt. Dann fügst du den Sirup hinzu und füllst das Glas komplett mit Crushed Ice. Abschließend gießt du alles mit Tonic Water auf und rührst den Inhalt mit dem Barlöffel vorsichtig von unten nach oben, um den Geschmack gut zu verteilen.

GARNITUR: Gurken-Erdbeer-Spieß, Rosmarin-Zweig

„Eine buntes Allerlei aus der Natur – großartig!"

MANGO-PUNCH

MANGO-PUNCH

REZEPTUR:

- 3 cl Mango-Sirup
- 2 cl Limettensaft
- 4 cl Traubensaft
- 8 cl Mangosaft
- Sodawasser
- Eiswürfel

GLAS: Ballon-Glas

BENÖTIGTES EQUIPMENT: Cocktail-Shaker oder Boston-Shaker (mit Barsieb), Messbecher

ZUBEREITUNG: Zu Beginn kommen alle Zutaten ohne das Sodawasser in den Cocktailshaker, den du zu ⅔ mit Eiswürfeln füllst. Jetzt schließt du den Shaker und shakst den Cocktail für 15 Sekunden kräftig durch. Abschließend werden in das Ballon-Glas 5–6 Eiswürfel gegeben, und der Cocktail wird in das Glas abgeseiht. Als letzten Schritt füllst du das Glas noch mit Sodawasser auf – fertig.

GARNITUR: Limetten-Spirale

„Ein erfrischendes Mango-Erlebnis!"

FROZEN-LOVE

FROZEN-LOVE

REZEPTUR:

- 100 g frische Wassermelone
- 6–8 gefrorene Erdbeeren
- 2 Blätter frische Minze
- 3 cl Erdbeer-Sirup
- 3 cl Limettensaft
- Crushed Ice

GLAS: Cocktailschale

BENÖTIGTES EQUIPMENT: Messbecher, Mixer

ZUBEREITUNG: Zur Vorbereitung löst du 100 g Fruchtfleisch aus der Wassermelone, die Schale darf nicht verwendet werden. Die dunklen Kerne der Wassermelone möglichst komplett entfernen. Danach kommen alle Zutaten zusammen mit 2 EL Crushed Ice in den Mixer und werden für ca. 20 Sekunden gemixt. Jetzt bitte die Konsistenz dieser Masse überprüfen: Sie sollte eine Mischung aus flüssig und breiartig sein, damit man den Cocktail später gut trinken kann. Ist dein Cocktail noch etwas zu flüssig – gib einfach noch 1–2 gefrorene Erdbeeren hinzu. Danach füllst du den Inhalt des Mixers direkt in das Glas und fertig ist dein leckerer Frozen Cocktail.

GARNITUR: Minzblatt

„Sommergefühl pur!"

SOMMERNACHTSTRAUM

SOMMERNACHTSTRAUM

REZEPTUR:

- 2 cl Holunder-Sirup
- 2 cl Mojito Mint-Sirup
- 2 cl Zitronensaft
- 10 cl Ginger Ale
- Eiswürfel

GLAS: Sektglas

BENÖTIGTES EQUIPMENT: Cocktail-Shaker oder Boston-Shaker (mit Barsieb), Messbecher, Feinsieb

ZUBEREITUNG: Alle Zutaten ohne das Ginger Ale in den Shaker geben und diesen zu ⅔ mit Eiswürfeln auffüllen. Jetzt schließt du den Shaker und schüttelst alles für 15–20 Sekunden durch. Zum Schluss seihst du den Cocktail in das Sektglas ab und gießt das Ginger Ale dazu.

GARNITUR: Zitronen-Zeste

„Ein passender Aperitif für jeden Anlass!“

VANILLA-DARLING

VANILLA-DARLING

REZEPTUR:

- 1 große Kugel Vanille-Eis
- 2 cl Karamell-Sirup
- Doppelter Espresso
- (ggf. eine Prise Salz für das salzig-süße Erlebnis)

GLAS: Cocktailschale

BENÖTIGTES EQUIPMENT: Cocktail-Shaker oder Boston-Shaker, Barlöffel

ZUBEREITUNG: Zur Vorbereitung bereitest du einen doppelten Espresso zu und schüttest diesen sofort in den Shaker. Danach fügst du den Sirup und ggf. eine Prise Salz mit hinzu. Jetzt wird alles mit dem Barlöffel verrührt, bis sich der Sirup komplett aufgelöst hat. Eine große Kugel Vanille-Eis in die Cocktailschale geben und erst direkt beim Servieren des Cocktails langsam die Espresso-Mischung aus dem Shaker darübergießen.

GARNITUR: 3 Espressobohnen

„Eine tolle Mischung aus heiß und kalt!"

PINEAPPLE-OCEAN

PINEAPPLE-OCEAN

REZEPTUR:

- 2 cl Kokos-Sirup
- 2 cl Blue Curaçao-Sirup
- 2 cl Sahne
- 2 cl Orangensaft
- 6 cl Ananassaft
- Eiswürfel

GLAS: Highball-Glas

BENÖTIGTES EQUIPMENT: Cocktail-Shaker oder Boston-Shaker (mit Barsieb), Messbecher

ZUBEREITUNG: Zu Beginn gibst du alle Zutaten in den Shaker, füllst diesen komplett mit Eiswürfeln und schließt ihn. Nun wird der Cocktail für ca. 15–20 Sekunden gut geschüttelt, damit sich die flüssige Sahne gut verteilt und für eine cremige Konsistenz sorgt. Das Highball-Glas bis zu einer Höhe von ⅔ mit Eiswürfeln füllen und deinen fertigen Cocktail hineingießen.

GARNITUR: Ananas-Ecke, Ananas-Blätter

„Eine alkoholfreie Variante der bekannten Piña Colada!“

ICY-BLUEBERRY

ICY-BLUEBERRY

REZEPTUR:

- ½ frische Banane
- 50 g frische Heidelbeeren
- 4 cl Vanille-Sirup
- 3 cl Limettensaft
- Crushed Ice

GLAS: Weinglas

BENÖTIGTES EQUIPMENT: Messbecher, Mixer

ZUBEREITUNG: Zur Vorbereitung wäschst du die Heidelbeeren und schneidest eine halbe Banane in ca. 2 cm große Stücke. Nun füllst du das Weinglas zu ¾ mit Crushed Ice und gibst diese Menge Crushed Ice sowie alle anderen Zutaten in den Mixer. Für ca. 15 Sekunden mixt du den Inhalt gut durch und schüttest diesen Frozen Cocktail dann direkt in das Weinglas zurück.

GARNITUR: Blaubeeren-Spieß

„Ideal für heiße Sommertage!"

MRS. PASSION

MRS. PASSION

REZEPTUR:

- 2 cl Maracuja-Sirup
- 2 cl Zitronensaft
- 2 cl Schwarzer Johannisbeersaft
- 8 cl Maracujasaft
- Eiswürfel

GLAS: Tumbler

BENÖTIGTES EQUIPMENT: Cocktail-Shaker oder Boston-Shaker (mit Barsieb), Messbecher

ZUBEREITUNG: Du gibst alle Zutaten ohne den Johannisbeersaft in den Shaker und füllst diesen bis zu ¾ mit Eiswürfeln auf. Jetzt den Shaker schließen und den Cocktail für ca. 15 Sekunden schütteln. Das Tumbler-Glas bis oben mit Eiswürfeln füllen und den Cocktail durch ein Sieb in das Glas abseihen. Als Letztes gießt du den Johannisbeersaft langsam und vorsichtig in das Glas – so entsteht ein großartiger Farbverlauf.

GARNITUR: Geviertelte Maracuja

„Durch die Farbübergänge der Schichtung bildet sich ein echter Hingucker!"

HERBST

CUCUMBER-MINT

CUCUMBER-MINT

REZEPTUR:

- 8 Blätter frische Minze
- 15 g frischer Ingwer
- 2 Gurkenscheiben (längs)
- 4 cl Honig
- 3 cl Zitronensaft
- 10 cl Früchtetee
- Eiswürfel

GLAS: Weinglas

BENÖTIGTES EQUIPMENT: Cocktail-Shaker oder Boston-Shaker (mit Barsieb), Messbecher, Feinsieb, Cocktailstößel

ZUBEREITUNG: Zuerst bereitest du eine Tasse Früchtetee zu und lässt ihn für ca. 10 Minuten ziehen. Zwischenzeitlich werden alle frischen Zutaten gewaschen und entsprechend vorbereitet. Die Zutaten gibst du in den Shaker und zerdrückst Ingwer, Gurke und Minze mit dem Cocktailstößel, um die Aromen freizusetzen. Anschließend fügst du den Tee, den Honig und den Zitronensaft hinzu und rührst den Inhalt des Shakers gut um. Dabei darf der Tee ruhig noch lauwarm sein, da sich der Honig darin besser auflöst. Den Shaker nun zu ⅔ mit Eiswürfeln befüllen, schließen und für ca. 20 Sekunden schütteln. Eiswürfel bis zum Rand in das Weinglas geben und den Cocktail durch das Feinsieb in das Glas abseihen.

GARNITUR: Gurkenscheibe, Minzblätter

„Durch seine rote Farbe passt dieser Cocktail perfekt zu der Farbenpracht des Herbstes!“

PUMPKIN-DREAM

PUMPKIN-DREAM

REZEPTUR:

- 50 g frischer Hokkaido-Kürbis
- 2 cl Ahorn-Sirup
- 25 cl Haselnussmilch
- ½ TL Zimt-Pulver
- 1 Prise Salz

GLAS: Tee-Glas

BENÖTIGTES EQUIPMENT: Messbecher, Kochtopf

ZUBEREITUNG: Zuerst muss der Kürbis vorbereitet werden: Dazu entfernst du die Schale sowie die Kerne und schneidest das Fruchtfleisch in kleine Stücke. Diese Stücke werden in etwas Wasser ca. 10–15 Minuten gekocht, bis sie weich sind. Eine bewährte Garprobe besteht darin, mit der Gabel in ein Kürbisstück hineinzustechen – sollte dieses von der Gabel abfallen, ist der Kürbis gar. Anschließend wird die notwendige Menge an Kürbis zusammen mit allen anderen Zutaten in einem Topf erhitzt, für 2 Minuten zum Kochen gebracht und dabei gelegentlich umgerührt. Dann gießt du den heißen Cocktail in das Tee-Glas und kannst ihn sofort genießen.

GARNITUR: Zimtstange

„Passt perfekt zu einem gemütlichen Abend im Herbst."

HERBY-POMEGRANATE

HERBY-POMEGRANATE

REZEPTUR:

- ¼ frischer Granatapfel
- ½ frische Limette
- 8 Blätter frischer Basilikum
- 2 TL brauner Zucker
- Tonic Water
- Crushed Ice

Tipp: Falls du Granatapfelkerne im Cocktail nicht magst, kannst du diese einfach durch 6 cl Granatapfelsaft ersetzen.

GLAS: Tumbler

BENÖTIGTES EQUIPMENT: Cocktailstößel, Barlöffel

ZUBEREITUNG: Als Erstes halbierst oder viertelst du den Granatapfel und entkernst ihn. Die Limette wird geviertelt und zusammen mit den Granatapfelkernen in das Tumbler-Glas gegeben. Den braunen Zucker und das Basilikum hinzufügen und alle Zutaten mit dem Cocktailstößel zerdrücken. Jetzt das Glas komplett mit Crushed Ice und den Cocktail mit Tonic Water aufgießen. Abschließend rührst du alles mit dem Barlöffel vorsichtig von unten nach oben um.

GARNITUR: Basilikum-Zweig

„So hast du Granatapfel noch nie kennengelernt!"

HERBSTWIND

HERBSTWIND

REZEPTUR:

- 1 Eiweiß
- 2 cl Zuckersirup
- 3 cl Traubensaft
- 3 cl Limettensaft
- 4 cl Rote-Beete-Saft
- Eiswürfel

GLAS: Cocktailschale

BENÖTIGTES EQUIPMENT: Cocktail-Shaker oder Boston-Shaker (mit Barsieb), Messbecher

ZUBEREITUNG: Zu Beginn trennst du Eiweiß und Eigelb von einem Ei – du benötigst nur das Eiweiß. Dieses sowie alle restlichen Zutaten werden in den Shaker gegeben, der Shaker zu ⅔ mit Eiswürfeln befüllt und geschlossen. Jetzt shakst du den Cocktail für 20 Sekunden und seihst den Inhalt in die Cocktailschale ab.

GARNITUR: Rote-Beete-Scheibe

„Gute Laune garantiert!"

Schon gewusst? Rote Beete enthält die Aminosäure Tryptophan, die für Glücksgefühle und Wohlbefinden sorgt.

WACHMACHER

REZEPTUR:

- 1 Stange frische Staudensellerie
- 2 cl Orangensaft
- 4 cl Zitronensaft
- 10 cl Tomatensaft
- 3 Spritzer Tabasco
- 2 Spritzer Worcestershiresoße
- 2 Spritzer Sojasoße
- 1 Prise Salz
- 1 Prise Pfeffer
- Eiswürfel

GLAS: Highball-Glas

BENÖTIGTES EQUIPMENT: Cocktail-Shaker oder Boston-Shaker (mit Barsieb), Messbecher, Feinsieb, Cocktailstößel

ZUBEREITUNG: Zuerst wird die Staudensellerie gewaschen und die Hälfte davon in kleine Stücke geschnitten – die andere Hälfte kannst du gut als Deko benutzen. Die zerkleinerten Stücke werden in den Shaker gegeben und mit dem Cocktailstößel zerdrückt. Danach gibst du alle restlichen Zutaten hinzu und füllst den Shaker zu ⅔ mit Eiswürfeln auf. Jetzt schließt du den Shaker und schüttelst alles für ca. 15–20 Sekunden. Abschließend wird der Cocktail mit dem Feinsieb in das zuvor komplett mit Eiswürfeln gefüllte Highball-Glas abgeseiht.

GARNITUR: Stange Staudensellerie

„Eine alkoholfreie Variante des bekannten Bloody-Mary-Cocktails!"

FANCY-NIGHT

REZEPTUR:

- 6 Blätter frische Minze
- 2 cl Holunder-Sirup
- 4 cl Limettensaft
- 10 cl Coca-Cola
- Eiswürfel

GLAS: Sektglas

BENÖTIGTES EQUIPMENT: Cocktail-Shaker oder Boston-Shaker (mit Barsieb), Messbecher, Feinsieb

ZUBEREITUNG: Zunächst gibst du alle Zutaten ohne die Coca-Cola in den Shaker und füllst diesen zu ⅔ mit Eiswürfeln auf. Dann schließt du den Shaker und shakst alles für ca. 15 Sekunden. Den fertigen Cocktail seihst du durch das Feinsieb in das Sektglas ab und gießt die Coca-Cola dazu.

GARNITUR: Minzkopf (Stängel Minze)

„Der beliebte Aperitif mit dem Extrakick an Frische!"

SINGLE-CINNAMON

SINGLE-CINNAMON

REZEPTUR:

- 2 frische Mandarinen
- 4 cl Mandarinen-Sirup
- 4 cl Zitronensaft
- 10 cl schwarzer Tee
- ½ TL Zimt
- Crushed Ice & Eiswürfel

GLAS: Ballon-Glas

BENÖTIGTES EQUIPMENT: Cocktail-Shaker oder Boston-Shaker (mit Barsieb), Messbecher, Feinsieb, Cocktailstößel

ZUBEREITUNG: Zur Vorbereitung kochst du eine Tasse schwarzen Tee, den du für ca. 5 Minuten ziehen lässt. Die Mandarine gut waschen, vierteln und in den Shaker geben. Die Mandarinen-Viertel mit dem Cocktailstößel zerdrücken und dann alle Zutaten inklusive des Tees dazugeben und den Shaker komplett mit Eiswürfeln auffüllen. Jetzt schließt du den Shaker und schüttelst den Cocktail für ca. 20 Sekunden. Bevor der fertige Cocktail durch das Feinsieb in das Ballon-Glas abgeseiht wird, füllst du das Glas zu ¾ mit Crushed Ice.

GARNITUR: Zimt-Zucker-Rand

„Mit diesem Cocktail kann man gut den Herbst beenden und in den Winter starten!“

GRAPY-LEMON

GRAPY-LEMON

REZEPTUR:

- 10 frische rote Weintrauben
- 1 Stange frisches Zitronengras
- 2 TL brauner Zucker
- Bitter Lemon
- Crushed Ice

GLAS: Tumbler

BENÖTIGTES EQUIPMENT: Cocktailstößel, Barlöffel

ZUBEREITUNG: Vorbereitend werden das Zitronengras und die roten Weintrauben unter kaltem Wasser gewaschen. Das Zitronengras schneidest du in kleine Stücke und gibst es mit den Weintrauben und dem braunen Zucker in das Tumbler-Glas. Diese Zutaten zerdrückst du sorgfältig mit dem Cocktailstößel und füllst das Glas komplett mit Crushed Ice und danach mit Tonic Water auf. Den Cocktail vorsichtig mit dem Barlöffel von unten nach oben umrühren und garnieren.

GARNITUR: Zitronengrasstange, halbierte Traube

„Ein Hauch von Asien durch das Zitronengras!"

SALBEI-HIMMEL

SALBEI-HIMMEL

REZEPTUR:

- 4 Blätter frischer Salbei
- 3 cl Blue Curaçao-Sirup
- 4 cl Zitronensaft
- 4 cl Sodawasser
- Eiswürfel

GLAS: Cocktailschale

BENÖTIGTES EQUIPMENT: Cocktail-Shaker oder Boston-Shaker (mit Barsieb), Messbecher, Feinsieb

ZUBEREITUNG: Alle Zutaten ohne das Sodawasser in den Shaker geben. Den Shaker dann zu ⅔ mit Eiswürfeln auffüllen, schließen und für ca. 15–20 Sekunden shaken. Abschließend seihst du den Cocktail durch das Feinsieb in die Cocktailschale ab und gibst das Sodawasser hinzu.

GARNITUR: Salbei-Blatt

„Ein eleganter, farbenfroher Drink!“

HONEYMOON

HONEYMOON

REZEPTUR:

- 10 Blätter frische Minze
- 1 frische Limette
- 1 cl Vanille-Sirup
- 4 cl Honig
- 10 cl grüner Tee
- Eiswürfel

GLAS: Highball-Glas

BENÖTIGTES EQUIPMENT: Cocktail-Shaker oder Boston-Shaker (mit Barsieb), Feinsieb, Messbecher, Cocktailstößel, Barlöffel

ZUBEREITUNG: Zur Vorbereitung kochst du eine Tasse grünen Tee, den du für ca. 7 Minuten ziehen lässt. Die Limette viertelst du und gibst sie zusammen mit den Minzblättern in den Shaker und zerdrückst Minze und Limette mit dem Cocktailstößel. Erst jetzt kommen der lauwarme Tee und die restlichen Zutaten dazu. Der Shaker wird zu ⅔ mit Eiswürfeln befüllt und geschlossen. Der Cocktail wird für ca. 15–20 Sekunden geshakt und durch ein Feinsieb in das Highball-Glas abgeseiht, das du vorher komplett mit Eiswürfeln gefüllt hast.

GARNITUR: Minzkopf, Limetten-Zeste

„Die Minze ergänzt den grünen Tee sehr gut!“

WINTER

SCHNEEWITTCHEN

REZEPTUR:

- 1 Zimtstange
- 2 Sternanis
- 4 cl Honig
- 6 cl Kirschsaft
- 10 cl Cranberrysaft
- 10 cl Apfelsaft (naturtrüb)

GLAS: Tee-Glas

BENÖTIGTES EQUIPMENT: Messbecher, Feinsieb, Kochtopf

ZUBEREITUNG: Zuerst gibst du die drei Säfte in einen Kochtopf und erhitzt sie, bis Dampf aufsteigt und die Flüssigkeit fast am Kochen ist. Nun die Zimtstange, Sternanis und den Honig hinzufügen, alles für ca. 5 Minuten leicht köcheln lassen und dabei hin und wieder umrühren. Abschließend entnimmst du die Zimtstange und seihst den heißen Cocktail durch ein Feinsieb in das Tee-Glas ab.

GARNITUR: Apfelfächer

„Perfekt für die ersten kalten Wintertage!“

EXQUISIT

REZEPTUR:

- 1 Eiweiß
- 1 cl Blue Curaçao-Sirup
- 2 cl Mandel-Sirup
- 3 cl Zitronensaft
- 6 cl Orangensaft
- Eiswürfel

GLAS: Tumbler

BENÖTIGTES EQUIPMENT: Cocktail-Shaker oder Boston-Shaker (mit Barsieb), Messbecher

ZUBEREITUNG: Zuerst trennst du Eiweiß und Eigelb voneinander, da für diesen Cocktail nur das Eiweiß verwendet wird. Das Eiweiß wird mit allen anderen Zutaten in den Shaker gegeben. Nun füllst du den Shaker zu ⅔ mit Eiswürfeln, schließt ihn und schüttelst den Becher ca. 20 Sekunden. Das Tumbler-Glas wird komplett mit Eiswürfeln gefüllt und der Cocktail in das Glas abgeseiht.

GARNITUR: Zitronen-Zeste

„Leckere Säfte und ein fluffiger Schaum – das macht Spaß!"

MANDARINI-DOPPIO

MANDARINI-DOPPIO

REZEPTUR:

- 1 frische Mandarine
- 1 doppelter Espresso
- 20 cl Hafermilch
- 1 ½ TL Vanillezucker

GLAS: Tee-Glas

BENÖTIGTES EQUIPMENT: Messbecher, Feinsieb, Handsaftpresse, Kochtopf

ZUBEREITUNG: Zuerst wird die Milch mit dem Vanillezucker im Kochtopf erhitzt (nicht kochen lassen!), bis sich der Zucker komplett aufgelöst hat. Danach halbierst du die Mandarine und drückst sie mit der Handsaftpresse oder mit den Händen komplett über dem Topf aus. Dann erhitzt du die Milch weitere drei Minuten und bereitest in dieser Zeit einen doppelten Espresso zu. Am besten lässt du den Espresso gleich direkt in das Teeglas laufen. Auf den fertigen Espresso kommt jetzt nur noch deine fertige Milch hinzu – dafür seihst du die heiße Milch einfach durch das Feinsieb in das Glas ab.

GARNITUR: Mandarinen-Stückchen und drei Kaffeebohnen

„Ein fruchtiges Kaffee-Erlebnis für einen perfekten Start in den Tag!“

CREAMY-APPLE

CREAMY-APPLE

REZEPTUR:

- 2 cl Apple Pie-Sirup
- 4 cl Mandelmilch
- 12 cl Apfelsaft (naturtrüb)
- 1 Prise Muskatnuss-Pulver
- Eiswürfel

GLAS: Highball-Glas

BENÖTIGTES EQUIPMENT: Cocktail-Shaker oder Boston-Shaker (mit Barsieb), Messbecher

ZUBEREITUNG: Für diesen leckeren Cocktail gibst du alle Zutaten in den Shaker und füllst diesen zu ⅔ mit Eiswürfeln auf. Du kannst entweder fertiges Muskatnuss-Pulver oder die benötigte Menge von einer frischen Muskatnuss reiben. Nachdem du den Shaker geschlossen hast, schüttelst du den Cocktail für ca. 15–20 Sekunden. Nun das Highball-Glas komplett mit Eiswürfeln füllen und den Cocktail in das Glas abseihen – fertig.

Hinweis: Falls du den Cocktail für Kinder zubereitest, bitte das Muskatnuss-Pulver komplett weglassen!

GARNITUR: Apfelfächer (mit Muskatnuss bestreut)

„Erfrischend weihnachtlich!"

WEIHNACHTSWUNDER

WEIHNACHTSWUNDER

REZEPTUR:

- 1 frische Orange
- 1 Zimtstange
- 1 Beutel Rooibos-Tee
- 2 EL Honig
- 30 cl schwarzer Johannisbeersaft

GLAS: Tee-Glas

BENÖTIGTES EQUIPMENT: Messbecher, Handsaftpresse, Kochtopf

ZUBEREITUNG: Zuerst die Orange gut unter fließendem kalten Wasser waschen, die Orange vierteln und direkt über dem Kochtopf auspressen. Das kannst du entweder mit den Händen machen oder einfacher mit einer Handsaftpresse erledigen. Die Orangenreste (am besten ungespritzte Bio-Orangen nehmen) werden direkt mit den restlichen Zutaten in den Topf gegeben. Die ganzen Zutaten lässt du ca. 5 Minuten leicht kochen und entnimmst dann den Teebeutel, die Zimtstange und die Orangenreste. Der heiße Cocktail wird nun durch das Feinsieb in ein Tee-Glas abgeseiht. Dieses Abseihen verhindert, dass du unter Umständen kleine Stückchen der Zutaten im Getränk hast.

GARNITUR: Orangenscheibe, Zimtstange und Zimtpulver

„Ein Cocktail, der nach Weihnachten duftet!"

ROSEMARY-FIZZ

ROSEMARY-FIZZ

REZEPTUR:

- 1 Stängel frischer Rosmarin
- ½ frische Limette
- 2 TL brauner Zucker
- Almdudler (Kräuter-Limonade)
- Crushed Ice

GLAS: Tumbler

BENÖTIGTES EQUIPMENT: Cocktailstößel, Barlöffel

ZUBEREITUNG: Zuerst wäschst du die Limette, viertelst sie und gibst sie zusammen mit dem Rosmarinzweig und dem braunen Zucker in das Tumbler-Glas. Dann alle Zutaten mit dem Cocktailstößel gut zerdrücken, bis die Limette ihren kompletten Saft abgegeben hat. Das Glas füllst du komplett mit Crushed Ice und gießt den Inhalt mit Almdudler auf. Abschließend rührst du den Cocktail noch vorsichtig mit dem Barlöffel von unten nach oben durch, damit sich das Aroma gut verteilt.

GARNITUR: Rosmarin-Zweig, Limettenstück

„Angenehm frisch mit einer Note Rosmarin!“

CHERRY-LADY

CHERRY-LADY

REZEPTUR:

- 2 TL Amarena-Kirsch-Marmelade
- 2 cl Zuckersirup
- 3 cl Sahne
- 8 cl Maracujasaft
- Eiswürfel

GLAS: Sektglas

BENÖTIGTES EQUIPMENT: Cocktail-Shaker oder Boston-Shaker (mit Barsieb), Messbecher

ZUBEREITUNG: Alle Zutaten werden in den Shaker gegeben, dieser zu ⅔ mit Eiswürfeln aufgefüllt und geschlossen. Jetzt shakst du den Cocktail für ca. 15 Sekunden und seihst ihn durch das Feinsieb in das Sektglas ab.

GARNITUR: Amarena-Kirschen

Schon gewusst? Amarena-Kirschen sind eine italienische Spezialität und werden in Deutschland besonders häufig in der Herbst- und Winterzeit gegessen, da sie auch warm sehr gut schmecken.

„Ein Hauch von Italien – Salute!" (ital. Prost)

ELFENZAUBER

ELFENZAUBER

REZEPTUR:

- 15 frische Heidelbeeren
- 30 g frischer Ingwer
- ½ frische Orange
- 2 Gewürznelken
- 3 cl Honig
- 3 cl Zitronensaft
- 25 cl Wasser (ohne Kohlensäure)

GLAS: Tee-Glas

BENÖTIGTES EQUIPMENT: Messbecher, Feinsieb, Cocktailstößel, Kochtopf

ZUBEREITUNG: Zuerst reinigst du alle frischen Zutaten mit kaltem Wasser und schneidest die benötigte Menge Ingwer sowie die geschälte Orange in kleine Stücke. Jetzt gibst du die Heidelbeeren in den Topf und zerdrückst diese leicht mit dem Cocktailstößel. Nun das Wasser und die anderen Zutaten hinzufügen und alles in ca. 5 Minuten zum Kochen bringen – dabei bitte gelegentlich umrühren. Nach der kurzen Kochzeit die großen Stücke entnehmen und den heißen Cocktail durch ein Feinsieb in das Tee-Glas abseihen.

GARNITUR: Orangenscheibe mit Nelken

„Dieser Cocktail wärmt perfekt von innen!"

SPASS-IM-GLAS

TIPP: Wie gelingt ein dekorativer Zimt-Zucker-Rand am Glas am besten? Dafür mit einer Zitronenscheibe innen und außen am Glasrand antlanggehen. Die Zimt-Zucker-Mischung auf einen Teller schütten und das Glas mit leichten Drehungen in den Zucker tunken.

REZEPTUR:

- 3 cl Vanille-Sirup
- 1 cl Zitronensaft
- 2 cl Cranberrysaft
- 8 cl Birnensaft
- 8 cl Pfirsichsaft
- Crushed Ice & Eiswürfel

GLAS: Weinglas

BENÖTIGTES EQUIPMENT: Cocktail-Shaker oder Boston-Shaker (mit Barsieb), Messbecher

ZUBEREITUNG: Für diesen Cocktail gibst du alle Zutaten ohne den Cranberrysaft in den Shaker. Jetzt wird der Shaker zu ⅔ mit Eiswürfeln gefüllt, geschlossen und für ca. 15–20 Sekunden geshaked. Das Weinglas zu ¾ mit Eiswürfeln füllen und den Cocktail in das Glas abseihen. Wichtig: Abschließend gießt du möglichst langsam den Cranberrysaft dazu, wodurch die schöne Schichtung des Cocktails entsteht.

GARNITUR: Zuckerrand, Zitronen-Zeste

„Sowohl durch die Schichtung als auch umgerührt ergeben sich wunderschöne Farben"!

HONIGBÄR

HONIGBÄR

REZEPTUR:

- 15 Gummibärchen
- 3 cl Honig
- 25 cl Traubensaft
- ¼ TL Zimt-Pulver

GLAS: Tee-Glas

BENÖTIGTES EQUIPMENT: Messbecher, Feinsieb, Kochtopf

ZUBEREITUNG: Für diesen ungewöhnlichen Cocktail, den auch deine Kinder lieben werden, gibst du alle Zutaten in den Kochtopf und bringst sie zum Kochen. Jetzt wartest du, bis die Gummibärchen komplett eingeschmolzen sind. Es kann gut sein, dass sich je nach Art der Gummibärchen die äußere Wachsschicht nicht komplett auflöst. Deshalb empfehle ich dir, den heißen Cocktail nach dem Kochen noch zusätzlich durch das Feinsieb in das Tee-Glas laufen zu lassen.

GARNITUR: Gummibären-Spieß

„Dieser Cocktail weckt Kindheitserinnerungen!“

BOWLEN

Eigentlich gehören Bowlen nicht in ein Cocktail-Buch, aber gleichzeitig ist bei vielen Gästen eine alkoholfreie, fruchtige Bowle eine schöne Alternative und wird gerade im Sommer gerne getrunken.

„FRUITY GINGER-BOWLE"

für 5 Liter – ergibt ca. 16 Gläser (à 300 ml)

Rezept:

- 500 g frische Erdbeeren
- 200 g frischer Ingwer
- 2 frische Orangen
- 2 frische Limetten
- 5 Stängel frische Minze
- 4 Flaschen Ginger Ale (à je 1 Liter)
- 1 Flasche klarer Apfelsaft (1 Liter)

Zubereitung:

Zuerst wäschst du alle frischen Zutaten mit kaltem Wasser ab. Danach schneidest du die Erdbeeren sowie den Ingwer in kleine Stücke und die Orangen bzw. Limetten in dünne Scheiben. Die geschnittenen Früchte gibst du zusammen mit der Minze und dem Apfelsaft in ein großes Gefäß, in dem sie über Nacht im Kühlschrank ihr volles Aroma entfalten können. Am nächsten Tag bzw. vor dem Servieren füllst du nun nur noch das Ginger Ale hinzu und verrührst alles vorsichtig.

„BEE-BOWLE“

für 1,5 Liter Bowle-Sirup + 1,5 Liter Sodawasser
– ergibt ca. 19 Gläser (à 160 ml)

Rezept:

- 5 Maracuja
- 500 g Honig
- 2 Zitronen
- 2 Orangen
- 100 g Ingwer
- Ein Bund Rosmarin (200 g)
- 1 l stilles Wasser
- 1,5 l Soda-Wasser

Zubereitung:

Zunächst bereitest du den Fruchtsirup zu, der später mit Sodawasser im Glas aufgefüllt werden soll. Dafür wäschst du alle frischen Zutaten außer die Maracujas. Die gereinigten Zitronen, Orangen und der Ingwer (möglichst Bioware) werden in dünne Scheiben geschnitten und mit dem Rosmarin in einen Kochtopf gegeben. Die Maracujas werden halbiert, das Fruchtfleisch entnommen und zusammen mit dem stillen Wasser und dem Honig ebenfalls in den Kochtopf gegeben. Danach wird alles zum Kochen gebracht und so lange umgerührt, bis sich der Honig komplett aufgelöst hat. Jetzt den Topfinhalt noch für ca. 1 Stunde leicht köcheln lassen und dann vom Herd nehmen. Den Topf über Nacht stehen lassen, damit der Sirup die Aromen ziehen kann. Am Folgetag seihst du den Inhalt durch ein feines Küchensieb ab und erhältst so deinen fertigen Sirup, den du am besten in Flaschen im Kühlschrank aufbewahren kannst. Beim Servieren füllst du in jedes Glas 8 cl deines Früchte-Sirups und 8 cl Sodawasser und hast so einen sehr erfrischenden Drink für deine Gäste.

VEGANE COCKTAILS

Das Interesse an und die Bereitschaft zu einer rein pflanzlichen Ernährung (Veganismus) nehmen seit Jahren zu. Deshalb geht man aufgrund aktueller Studien davon aus, dass mittlerweile zwischen 1,3 und 2 Millionen Menschen in Deutschland Veganer sind und diese Zahl auch in Zukunft weiterhin wachsen wird.

Die meisten Cocktails in meinem Buch sind aufgrund der verwendeten Zutaten bereits vegan. Allerdings gibt es bei einigen Rezepturen kleine Ausnahmen, die du jedoch ganz einfach durch eine vegane Alternative ersetzen kannst:

ZUTATEN	ALTERNATIVE
Sahne	*Kokosmilch*
Milch	*Soja-/Hafer-Milch*
Ei	*Ei-Ersatz*
Honig	*Agaven-Sirup, Ahorn-Sirup*

MIX-SPASS MIT KINDERN

COTTON-CANDY-LOVE

COTTON-CANDY-LOVE

REZEPTUR:

- 3 cl Erdbeer-Sirup
- 2 cl Zitronensaft
- 5 cl Apfelsaft
- 5 cl Mangosaft
- 5 cl Orangensaft
- Eiswürfel

GLAS: Highball-Glas

BENÖTIGTES EQUIPMENT: Messbecher, Barlöffel

ZUBEREITUNG: Du beginnst damit, das Highball-Glas zu 2/3 mit Eiswürfeln zu befüllen. Jetzt kommen alle Zutaten ohne den Erdbeer-Sirup dazu und werden im Glas mit dem Barlöffel umgerührt. Abschließend wird der Erdbeer-Sirup vorsichtig hineingegossen und bildet so im unteren Teil des Glases eine eigene Schicht.

GARNITUR: Erdbeerzuckerwatte

Tipp: Ich empfehle, immer etwas zusätzliche Erdbeerzuckerwatte bereitzustellen, da es wirklich Spaß macht, die Zuckerwatte in den Cocktail zu tunken und zu schauen, was damit passiert!

BÄLLE-PARADIES

BÄLLE-PARADIES

REZEPTUR:

- 4 cl Blue Curaçao-Sirup
- 2 cl Cranberrysaft
- 3 cl Limettensaft
- 6 cl Sprite

GLAS: Highball-Glas

BENÖTIGTES EQUIPMENT: Messbecher, Barlöffel

ZUBEREITUNG: Zuerst füllst du ein Highball-Glas zu 2/3 mit Eiswürfeln und gibst alle Zutaten ohne den Cranberrysaft dazu. Den Glasinhalt rührst du nun vorsichtig mit dem Barlöffel durch und gießt abschließend noch den Cranberrysaft langsam dazu – wodurch eine sehr schöne Schichtung entsteht.

GARNITUR: Bunter Deko-Zuckerkugel-Rand – dafür den oberen Glasrand innen und außen mit einem Stück Zitrone bestreichen und sofort in ein Gefäß mit Zucker-Kügelchen eintauchen. Durch den Zitronensaft bleiben die Kügelchen gut haften.

Tipp: Für einen Kindergeburtstag können die Gläser mit dem bunten Deko-Zuckerkugel-Rand auch schon einige Stunden früher vorbereitet und im Kühlschrank aufbewahrt werden.

ZUTATEN REGIONAL EINKAUFEN

Charles Schumann, einer der berühmtesten deutschen Barkeeper und Inhaber der „Schuhmann's Bar" in München, hat in seinen bekannten Büchern eine wichtige Frage beantwortet:

„Was macht den perfekten Cocktail aus?"

Die Antwort hat bis heute Gültigkeit:

„Beste Qualität bei der Wahl der Zutaten."

(Quelle: Buch „Schuhmann's Bar", Verlag Zabert Sandmann 2015)

Die Erfahrung wirst du auch machen – gerade bei alkoholfreien Cocktails machen die Qualität und Auswahl deiner Zutaten den Geschmack und letztendlich das besondere Endergebnis deines Cocktails aus.

Aus diesem Grund kann ich dir nur empfehlen, genau wie ich dein Obst und Gemüse bei einem Bauern oder Wochenmarkt in deiner Region zu kaufen. Dabei solltest du auch darauf achten, welche Früchte gerade Saison haben und nicht aus dem Gewächshaus kommen.

Helfen kann dir dabei der kleine Saison-Kalender auf den nächsten Seiten, die ich für dich erstellt habe.

Übrigens: Mit dem Einkauf direkt beim Erzeuger oder in Bio-Geschäften in deiner Region weißt du nicht nur, woher deine Zutaten kommen, sondern du unterstützt damit auch die Umwelt und das Engagement der Landwirte.

SAISON-KALENDER

	JANUAR	FEBRUAR	MÄRZ	APRIL	MAI	JUNI
APFEL					✓	✓
APRIKOSE						
BIRNE						
BROMBEERE						
ERDBEERE					✓	✓
GURKE						✓
HASELNUSS						
HEIDELBEERE						✓
HIMBEERE						
INGWER			✓	✓	✓	✓
JOHANNISBEERE						✓
KIRSCHE						✓
KÜRBIS						
PFLAUME						
RHABARBER				✓	✓	✓
ROTE BEETE						
SPINAT			✓	✓	✓	
STACHELBEERE					✓	✓
TOMATE						✓
WASSERMELONE						
WEINTRAUBE						

SAISON-KALENDER

JULI	AUGUST	SEPTEMBER	OKTOBER	NOVEMBER	DEZEMBER	
✓	✓	✓				APFEL
✓	✓					APRIKOSE
✓	✓	✓	✓			BIRNE
✓	✓	✓				BROMBEERE
✓	✓					ERDBEERE
✓	✓	✓	✓			GURKE
		✓	✓			HASELNUSS
✓	✓	✓				HEIDELBEERE
✓	✓	✓				HIMBEERE
✓	✓	✓	✓			INGWER
✓	✓					JOHANNISBEERE
✓	✓					KIRSCHE
		✓	✓	✓		KÜRBIS
✓	✓	✓				PFLAUME
✓						RHABARBER
		✓	✓	✓	✓	ROTE BEETE
		✓	✓	✓		SPINAT
✓	✓					STACHELBEERE
✓	✓	✓				TOMATE
	✓	✓				WASSERMELONE
		✓	✓			WEINTRAUBE

ÜBERSICHT VITAMINE & MINERALSTOFFE

	VITAMIN A	VITAMIN C	VITAMIN E	CALCIUM	KALIUM	EISEN	MAGNESIUM
APFEL	(✓)	(✓)	✓	✓	✓	(✓)	✓
APRIKOSE	(✓)	✓	✓	✓	✓	(✓)	✓
BIRNE	(✓)	(✓)	✓	✓	✓	(✓)	✓
BROMBEERE	✓	✓	✓	✓	✓	(✓)	✓
ERDBEERE	(✓)	✓	✓	✓	✓	(✓)	✓
GURKE	(✓)	(✓)	(✓)	✓	✓	(✓)	✓
HASELNUSS	(✓)	(✓)	✓	✓	✓	✓	✓
HEIDELBEERE	(✓)	✓	✓	✓	✓	(✓)	(✓)
HIMBEERE	(✓)	✓	✓	✓	✓	(✓)	✓
INGWER	(✓)	✓	(✓)	✓	✓	(✓)	✓
JOHANNISBEERE	(✓)	✓	(✓)	✓	✓	(✓)	✓
KIRSCHE	✓	✓	(✓)	✓	✓	(✓)	✓
KÜRBIS	(✓)	(✓)	✓	✓	✓	(✓)	✓
ORANGE	(✓)	✓	(✓)	✓	✓	(✓)	✓
PFLAUME	✓	(✓)	✓	✓	✓	(✓)	✓
RHABARBER	(✓)	(✓)	(✓)	✓	✓	(✓)	✓
ROTE BEETE	(✓)	(✓)	(✓)	✓	✓	(✓)	✓
SPINAT	✓	✓	✓	✓	✓	✓	✓
STACHELBEERE	(✓)	(✓)	(✓)	✓	✓	(✓)	✓
TOMATE	✓	✓	✓	✓	✓	(✓)	✓
WASSERMELONE	✓	(✓)	(✓)	✓	✓	(✓)	✓
WEINTRAUBE	(✓)	(✓)	✓	✓	✓	(✓)	✓
ZITRONE	(✓)	✓	(✓)	✓	✓	(✓)	✓

✓ = GRÖSSERER ANTEIL (✓) = KLEINERER ANTEIL

VITAMINE UND MINERALSTOFFE – EINE KLEINE ÜBERSICHT

VITAMIN A ist wichtig für das Wachstum von Zellen, das Sehvermögen und unterstützt die Elastizität der Haut.

VITAMIN C trägt zu einem gesunden Immunsystem bei, stärkt die Abwehrkräfte und hat darüber hinaus noch einen positiven Effekt auf Knochen und Zähne.

VITAMIN E schützt die Zellen vor äußeren Einflüssen wie z. B. UV-Strahlen und ist generell verantwortlich für ein schöneres, strafferes Hautbild.

CALCIUM ist für den Bau und die Festigkeit der Zähne und Knochen wichtig.

KALIUM unterstützt den Körper in vielen Bereichen: Nerven, Muskeln und Zellen. So kann Kalium z. B. bei häufig auftretenden Muskelkrämpfen helfen.

EISEN ist förderlich für die Blutbildung und übernimmt eine wichtige Rolle beim Sauerstofftransport innerhalb des Körpers.

MAGNESIUM hilft bei verschiedenen Stoffwechselprozessen und ist deshalb unverzichtbar für die Gesundheit.

Notizen / Rezepte

Notizen / Rezepte

LITERATUR- UND QUELLENNACHWEIS

https://www.apotheken-umschau.de/gesund-bleiben/ernaehrung
https://www.gesundheit.gv.at/

BILDNACHWEIS

Eigene Fotos: Bildrechte Sara Thaiphakdi
Übrige Fotos: stock.adobe.com

EBENFALLS IM BRUNNEN VERLAG ERSCHIENEN:

SINA BUTENUTH

KRÄUTER & GEWÜRZE

Verwendung und Heilkraft

176 Seiten, gebunden, vierfarbig

ISBN 978-3-7655-3278-8

Der neue wunderschön gestaltete Ratgeber und Geschenkband rund um das Thema Kräuter und Gewürze enthält ausführliche Einzeldarstellungen der ca. 40 wichtigsten Kräuter und Gewürze. Dazu kommen praktische Tipps zu Beschaffung, Lagerung und Hinweise, welche Kräuter bei Krankheiten helfen können.

EBENFALLS IM BRUNNEN VERLAG ERSCHIENEN:

SINA BUTENUTH

BROT BACKEN

Rezepte und Tipps für Einsteiger

144 Seiten, gebunden, vierfarbig

ISBN 978-3-7655-3277-1

Der neue Ratgeber und Geschenkband rund um das Thema Brotbacken von Sina Butenuth mit ca. 30 Brotrezepten, Tipps und Ideen für leckere Brotaufstriche, Informationen zu Mehlsorten und Anleitungen zum Ansetzen von Sauerteig.

Einfach, praktisch und nachvollziehbar, illustriert mit wunderschönen Abbildungen.

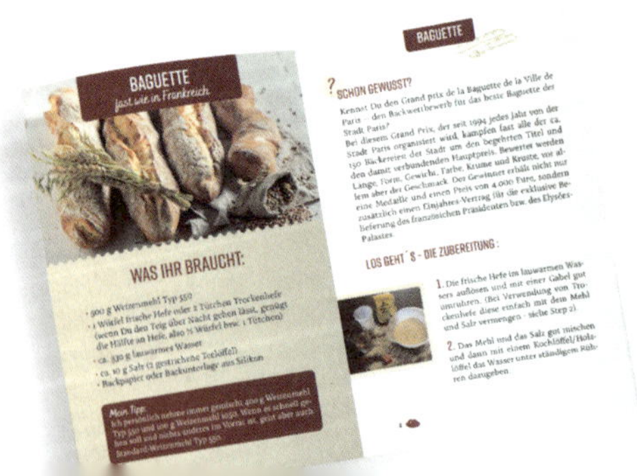